AF279027

ATTITUDE ET CONDUITE

DE

L'ANGLETERRE

ENVERS

LA FRANCE

ET LES AUTRES NATIONS

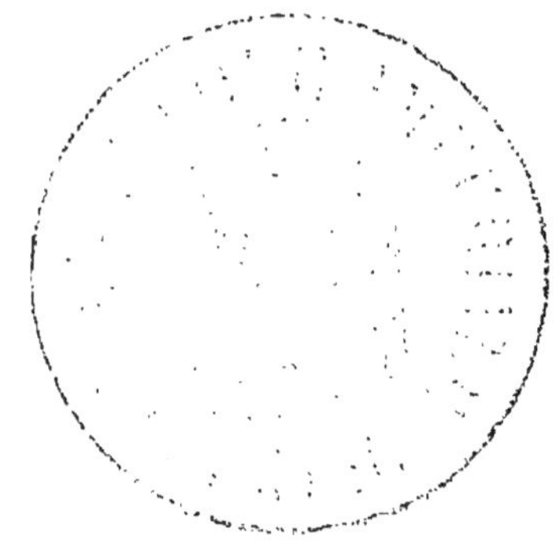

L'Angleterre vous guette,
vous épie et vous assassine,
quand votre butin lui semble
bon à prendre.

(Fr. BILLOT.)

Prix : 30 cent.

PARIS

CHEZ LES PRINCIPAUX LIBRAIRES

—

1858

Bayeux. — A. DELARUE, imprimeur.

I

Il y a, dans la famille des nations de la vieille Europe, un peuple qui occupe une position topographique tout exceptionnelle : entouré d'eau de toutes parts, enfermé dans son île, il se croit invulnérable. Ce peuple, depuis la découverte du Nouveau-Monde, et plus particulièrement depuis les traités de Westphalie, se donne sur les autres une autorité insolente, et arrête à lui seul le travail de l'Europe. Ce peuple impose partout ses volontés aveugles et tyranniques ; sa diplomatie corruptrice est en tous lieux ; son or subjugue et putréfie la moralité des nations. Ce peuple, dont l'indifférence, l'aveuglement ou la lâcheté des chancelleries tolère les spéculations honteuses, a trouvé le moyen d'interdire à ses égaux ce qui serait contraire à ses intérêts. Il peut impunément, et où bon lui semble, exciter toutes les révoltes, soudoyer toutes les insurrections, troubler tous les États, sans émotion pour lui-même. Il a pu prendre sur le globe toutes les positions avancées pour soumettre, humilier ou écraser quiconque lui fait ombrage..... Il viole audacieusement et impunément tous les traités..... Il n'accorde à autrui de liberté que celle qui lui plaît..... Il tient tout le monde lié, et il n'est lié à personne..... Il arrête à son gré, dans leur élan, tous les progrès nuisibles à son transcendant égoïsme..... Le mal! oui, le mal, dans sa plus grande et sa plus monstrueuse acception, est devenu le levier nécessaire de sa fortune et de sa puissance.

Il en est arrivé à ce point — et je le dis à la honte de l'Europe — de pouvoir dire arrogamment à ses égaux : Vous ne ferez que ce que je voudrai ; je me moque de vous !....

Et la France — faut-il le dire ? — est l'objet spécial, non-seulement d'une aveugle jalousie, mais d'une rivalité produisant les excès les plus inouïs....

Et ce peuple n'exerce pas seulement sa fatale influence sur la France, sur l'Europe, mais il comprime l'univers, et ne permet aux autres peuples de vivre que pour le faire vivre, lui ! Ne s'intitule-t-il pas le maître du monde, le roi des mers ? et laisse-t-il à ses rivaux autre chose que le choix des humiliations ?....

Si, dans ce résumé de la politique anglaise, j'ai menti, qu'on me condamne comme imposteur !!...

Mais si j'ai dit vrai, l'Angleterre ne

doit-elle pas être mise au ban des nations ?....

II

L'Angleterre change merveilleusement de rôle politique, suivant les temps et les époques, et selon ses besoins et ses intérêts, poussant tantôt les rois contre les peuples et les peuples contre leurs souverains.

Prenons pour exemple : — Nous sommes en 1792 ;

Le cri de liberté devient universel ;

L'aristocratie anglaise et sa vieille constitution se voient menacées de ruine..... Pitt et Dundas sont ministres. Pitt conçoit l'espoir de les sauver en lançant l'Angleterre contre la France.

Ce n'est pas l'anarchie qu'il veut éviter, puisqu'il soudoie les Jacobins,

et qu'il favorise par son or et ses in-
trigues tous leurs excès et tous les
désordres en France !....

Il ranime les vieilles inimitiés, pré-
pare des armements et commence les
hostilités. Avant cela il refuse obstiné-
ment toute espèce de démarches pour
sauver le malheureux Louis XVI..... Il
se venge ainsi sur lui de l'appui et des
secours que la France vient de donner
aux États-Unis d'Amérique pour se
soustraire à la domination anglaise.

Dans ce même temps, l'Angleterre
envoie des secours en armes et en munitions aux Vendéens..... mais en assez
petite quantité pour les empêcher de
triompher.

Elle débarque plusieurs régiments
d'émigrés français à Quiberon, où ils
sont massacrés !.... Ces régiments d'é-
migrés étaient presque tous composés
d'anciens officiers de la marine fran-

çaise, dont l'Angleterre avait apprécié dans plusieurs combats la valeur et les talents, et qui auraient pu, dans l'ave-venir, lui être nuisibles. Il fallait donc les faire périr !

Ainsi, elle fait d'une pierre deux coups : elle fait combattre les républi-cains par les royalistes, et les royalistes par les républicains ; le sang français coule sans aucun dommage pour elle.

Elle appelle toute l'Europe à former la coalition la plus vaste et la plus effroyable des temps anciens et nou-veaux....... Cette coalition contre la France, qu'elle soudoie avec son or, est pour ainsi dire permanente.

Le grand capitaine qui porta si haut la gloire et les armes de la France, ac-cablé par des nécessités sans cesse re-naissantes, attiré par son ennemie sur tous les points de l'Europe, livre cent combats, remporte cent victoires, qui ne l'affermissent pas davantage. L'Angleterre ne lui laisse ni repos ni trève ; Napoléon ne peut renouveler sa tentative de descente.

Enfin arrivent 1814, les Cent-Jours et Waterloo.....

L'Angleterre triomphe. Oh ! cette fois, ses vœux impies sont bien accomplis ! L'Europe armée foule notre sol et commande en maître à Paris !

Les Anglais ajoutent de nouveaux Gibraltars à ceux qu'ils possèdent déjà. Ils gardent Tabago, Sainte-Lucie, le Cap, Héligoland, les iles Ioniennes, Malte, tout ce qu'ils veulent enfin (1) ! Ils gardent aussi l'île de France, nommée *la perle de la mer des Indes*, et qu'ils appellent maintenant Maurice.

Les habitants de cette belle île, tous Français d'origine, de mœurs, de lan-

____

(1) Voir aux documents.

gue, frémissent de leur appartenir et de changer de patrie !

Ceux du Canada ou la France-Nouvelle, qu'ils nous avaient enlevée antérieurement, regrettent aussi vivement leur ancien pays.

Ce que nous savons tous, c'est que, si les puissances continentales ont eu le plus à souffrir de nos guerres révolutionnaires, ce sont elles, et particulièrement la Russie, qui nous ont traité avec le plus de générosité.

III

La France respire..... La Restauration arrive. Pendant cette période, le dey d'Alger insulte la France, qui, cette fois, malgré l'Angleterre faisant tout pour nous entraver, arbore son drapeau victorieux sur le sol africain, et conquiert un monde nouveau.

Quelque temps plus tard.....

Honte éternelle! **1830** survient.

Celui que quelques intrigants élèvent subitement au pouvoir, au lieu de porter haut le drapeau de la France, s'humilie devant l'Angleterre, veut abandonner l'Algérie ; mais l'opinion publique l'en empêche. Il souscrit au droit de visite, paie au pharmacien Pritchard l'assassinat de nos frères, laisse l'Angleterre dominer en Orient comme sur toutes les mers, jusqu'à ce que la France, fatiguée, indignée de tant de bassesses et de lâchetés, le chasse comme un valet du palais qu'il avait usurpé.

IV

Un des plus grands hommes d'État de l'Angleterre a dit : « Si nous étions « justes un seul jour, nous n'aurions « pas un an à vivre. » Cette pensée est atroce, mais elle est vraie !

Dans cette douzaine de mots, Pitt a révélé toute la politique de sa nation. Elle n'en a pas d'autre ; elle ne peut en avoir d'autre sous peine de mort.....

L'Angleterre est en embuscade contre toutes les nations de la terre : elle les guette, elle les épie comme un voleur de grands chemins, et elle les assassine quand leur butin lui semble bon à prendre.

Nous avons détruit les forbans et les corsaires de l'Algérie, qui étaient moins dangereux qu'elle, et chacun sait que les Anglais fournissaient des armes et des munitions à Abd-el-Kader et aux Arabes contre nous.

Quels cris ne jetteraient-ils pas, si nous en faisions autant aux Indous qui, eux, cherchent à recouvrer leur nationalité et à se soustraire au joug affreux des Anglais, qui les traitent, selon Alphonse Karr, un écrivain du *Siècle :* « comme des bestiaux à l'étable. »

Espérons que ce beau pays de l'Inde, dont la France eut jadis sa part, et où les Dupleix et les Labourdonnais ont laissé de si heureux souvenirs, redeviendra plus prospère, et que Dieu l'enlèvera au peuple qui a permis aux Clive (1), aux Hastings et autres gouver-

(1) Qui n'a lu les pages déchirantes où sont retracés les actes de lord Clive, et où l'on voit créer une famine qui fait périr TROIS MILLIONS d'Indiens !...,—Et ce même lord Clive, traduit

neurs anglais d'y introniser les barbaries de la torture et l'école du massacre.

Si l'Angleterre était juste, elle ne pourrait pas vivre. Il n'y a ni mesure, ni moralité, ni droit, ni justice qui l'embarrasse ; son principe est de n'en avoir aucun ; ses intérêts deviennent son seul guide. Un blocus lui convient-il, elle le fait. Un embargo lui plaît-il, elle l'exécute. Un commerce maritime lui déplaît-il, elle capture les navires et garde les cargaisons. Une colonie est-elle à sa convenance, elle s'en empare. Une marine quelconque lui porte-t-elle ombrage, elle la détruit. N'a-t-elle même que des inquiétudes ou des soupçons sur d'humbles vaisseaux marchands, elle les visite, elle les dépouille,

devant le Parlement, non-seulement pour ce forfait, mais encore pour d'autres crimes presque fabuleux, est *honorablement acquitté !!...* — Voilà ce peuple !

elle les insulte. Un peuple prospère-t-il, elle le lance en révolution. Un autre met-il en fuite ses démagogues incendiaires, elle donne asile à tous ces proscrits, pour dire avec Canning : « Je tiens dans mes mains les troubles et les complots, la paix ou la guerre avec le monde. »

Elle domine les mers par sa puissance de destruction, et ne permet à l'élément colonial d'essor étranger que celui qui, loin de l'offenser, s'humilie sous ses lois. L'Angleterre raccourcit les étrangers à la mesure qui lui convient : c'est le Procuste des mers.

V

Nous n'avons aucune ressemblance en France, disons-le sans cesse, avec l'Angleterre, « qui méprise tout ce qui

« ne lui ressemble pas, et qui se moque
« de ceux qui l'imitent. »

Le plus grand malheur de la France,
depuis soixante ans, est d'avoir copié
certaines formes de ce peuple, auquel
nous ne ressemblons pas plus que la
nuit au jour.

Les Anglais sont protestants, les
Français sont catholiques ; ils sont aris-
tocrates, nous sommes égalitaires.

Ils parlent de leur hospitalité, com-
ment la pratiquent-ils ?

M. de Narbonne, dernier ministre de
la guerre sous Louis XVI, se réfugie
en Angleterre, pour soustraire sa tête
aux échafauds de 93 ; on lui demande
de livrer des secrets qui sont à sa con-
naissance, pour attaquer les places
fortes de la France ; cet illustre exilé s'y
refuse ! Pitt, furieux, lui ordonne alors
de quitter le territoire britannique dans
les vingt-quatre heures !

Napoléon Ier, ce grand homme trahi par la fortune, va bénévolement leur demander un asile: ils l'envoient en exil, sur le rocher de Sainte-Hélène, et commettent sur lui un crime de lèse-humanité, par toutes les tortures qu'il y endure.

Les Anglais réservent toutes les douceurs de leur hospitalité pour des hommes tels que Kossuth, Mazzini, Ledru-Rollin, Orsini, Pieri, Pianori, etc., qui ne sont que des instruments dans leurs mains, pour les lancer, à défaut de soldats dont ils manquent, sur les gouvernements du continent.

Les Anglais, quoi qu'on en ait dit, ne jouissent que des semblans de la liberté: demandons-le, en effet, aux peuples qui lui sont sympathiquement unis!... Sans sortir du royaume-uni, nous rencontrons l'Irlande catholique, que l'Angleterre protestante traite en véritable ennemie; qu'elle laisse mourir de faim ; qu'elle oblige à l'expatriation par quinze cent mille individus, en moins de cinq ans ; qu'elle n'admet pas à l'égalité politique, malgré les prodigieux efforts d'O'Connel. Tel est ce pays de liberté, le plus grand oppresseur qui existe pour qui ne partage pas son culte et ne satisfait pas ses intérêts mercantiles !

En Angleterre, la terre forme un domaine privilégié ; en France, elle peut appartenir à tous. Les Anglais sont les pères du privilége et du monopole en tout; nous sommes les initiateurs du droit commun.

Lord Palmerston, ce Pitt de l'Angleterre, ne s'oppose-t-il pas, seul, au percement de l'isthme de Suez, réclamé par toutes les nations ! Ce canal, qui cependant serait si utile au commerce de l'Angleterre pour aller à ses possessions de l'Inde, elle ne le veut pas, parce que les autres puissances maritimes pourraient en profiter et lui faire concurrence.

Cependant, dans la prévision que ce percement pourra s'exécuter sans elle, et malgré elle, elle vient de s'emparer de l'île de *Perim*, qui appartient à la Turquie. Cette île commande en partie l'embouchure du canal projeté. Oh ! alors, elle ne craint pas, elle, de violer l'intégrité de l'empire ottoman !....

VI

Quelques Anglomanes prétendent que l'Angleterre, nous appréciant mieux, n'a plus les mêmes préjugés, les mêmes haines qu'autrefois envers nous..... Erreur ! mille fois erreur !! Les Anglais ont été, sont et seront toujours les mêmes à notre égard !....

Tous les jours, les organes les plus accrédités de leur presse, leurs agents, leurs hommes d'État manquent-ils une occasion de nous insulter, de nous jalouser, de nous railler, de nous faire mille niches en tout et partout ?

Et cependant ce sont maintenant nos bons alliés !.... Quels alliés !!

Lord Redcliffe, le dernier ambassadeur anglais à Constantinople, ne pouvait voir un régiment, ni même un seul soldat ou marin français, sans que cela lui attaquât les nerfs !

Oh ! que ses nerfs ont eu alors à souffrir ! car il en a vu passer quelques-uns pendant la guerre de Crimée !

Lord Palmerston, ce type-modèle de l'Anglais, ne disait-il pas dernièrement dans un banquet à Londres (1) : « que

(1) Mansion-House.

« l'armée anglaise et la population des
« îles Britanniques étaient les plus
« braves de l'univers ; qu'il osait le
« dire à la face du soleil, » telles sont
ses propres expressions, « et que les
« autres étaient des traîneurs de sabre
« et des fanfarons..... »

Où donc Monsieur Palmerston a-t-il puisé tout cela ? A moins que ce ne soit dans la cave du lord-maire !

On ose lui répondre, également *à la face du soleil et même de la lune,* que les traîneurs de sabre étaient ceux qui sauvaient les Anglais d'une défaite et d'une ruine complète à Inkermann ; et qui, pendant que *les plus braves de l'univers* ne pouvaient exécuter leur bout de tranchée, prendre le plus petit ouvrage, le plus petit redan, eux, les traîneurs de sabre, s'emparaient de tout !!...

VII

L'Anglais ne rêve que le trouble et l'anarchie pour se saisir de quelques dépouilles.

Dernièrement, de quels désordres, complots, débarquements d'armes n'agitait-il pas le royaume de Naples pour pouvoir, à l'aide de ces moyens, mettre la main sur la Sicile, dont il convoite depuis longtemps les mines de soufre.

L'Anglais ne communique que le poison aux peuples : témoin l'opium, qu'il vend de force aux Chinois, tandis qu'il oblige les Indous à le cultiver, au lieu de blé et de riz, dont ils manquent pour leur propre nourriture ; au contraire, le Français porte la vie et le bonheur dans les contrées où il pénètre.

Nous ne sommes donc et ne pouvons être Anglais par aucun côté.

Est-il possible qu'en France, ce pays d'honneur, il se trouve des personnes, des écrivains, des journalistes qui renoncent si facilement à rester Français pour endosser la livrée de l'Angleterre! Espérons que ces hommes, appelés spirituellement par un de nos bons publicistes *Les Anglais de l'intérieur*, reconnaîtront leur erreur et redeviendront FRANÇAIS ; car, être Anglais en France aujourd'hui, c'est être plus que traître, c'est être parricide !!!....

Et que, dans un cas donné, ce soit une vérité profonde qu'un poète a exprimée, quand il a dit :

Et la Vendée aiguiserait son glaive
Sur la pierre de Waterloo !!

Bayeux, mars 1858.

Anatole DE SAVIGNAC.

DOCUMENTS

OPINION

DE

M. DE FICQUELMONT

ministre autrichien

SUR

LA POLITIQUE DE L'ANGLETERRE

à l'égard de l'Europe

(Extrait de son livre intitulé: *Lord Palmerston, l'Angleterre et le Continent*)

I.

Lord Palmerston, ce fougueux ennemi de la France comme les Pitt, les Melbourn, les Canning et les Castlereag, disait, au mois de juillet 1850, au banquet qui lui fut donné par le club de la Réforme au sujet de l'affaire de la Grèce, qui a pris le nom de *Don-Pacifico :* « Il n'est aucune « partie du Grand-Océan, qui couvre une « si vaste partie de la surface du globe, « qui ne voie flotter nos vaisseaux et nos « marchandises ; il n'y a aucun pays rap- « proché ou éloigné, sauvage ou civilisé, « où l'on ne trouve des Anglais, etc., » et autres fatuités de cette espèce.

A quoi M. de Ficquelmont répond en- tre autres choses : « ..... Le dernier recen- « sement de la population d'Irlande a « montré que, depuis dix ans, *quatre cent* « *cinquante mille* familles ont abandonné « leur pays ou lui ont été enlevées !..... « (T. 1ᵉʳ, p. 142.) L'histoire a le droit, « continue l'ancien président du conseil « des ministres d'Autriche, de constater si, « dans la part que l'Angleterre a prise aux « événements, il y a eu plus d'ambition « que de sagesse ; si dans la mesure des

« intérèts, la balance a toujours été celle
« de la justice... La prétention proclamée
« par lord Palmerston, au nom de l'An-
« gleterre, *d'être le législateur du monde,*
« d'être *arbitre souverain* entre les peuples
« et les gouvernements, cette prétention
« donne à tous ses contemporains le droit
« de lui déclarer qu'il n'est aucun hom-
« me, sur la terre, qui puisse réunir en
« lui assez de savoir, de sagesse et de
« qualités, je ne dis pas pour accomplir,
« *mais pour oser entreprendre et proclamer*
« *une pareille mission !...* » (Ibid., p. 143.)

M. de Ficquelmont parle de l'outrecui-
dance britannique avec une modération
que sa position explique, mais que nous
ne pouvons garder au même degré. M. de
Ficquelmont est autrichien et nous sommes
français. Et toutes les fois que nous en-
tendrons un anglais, grand ou petit, dire
que l'Angleterre *est la législatrice du monde,*
l'arbitre souverain des peuples, notre sang
bouillonnera dans nos veines et nous for-

merons des vœux pour que Dieu arme un bras assez puissant pour abaisser son orgueil... Que dis-je? ce bras existe; il n'a plus qu'à frapper!...

II.

On rencontre, dans le même auteur, ces observations aussi judicieuses que profondes : « ... Gênes et Venise ont été des « États conquérants, marchands et coloni- « sateurs. Leur décadence politique a suivi « la décadence successive de leur commer- « ce, la perte de leurs conquêtes et celle « des riches échelles qu'elles avaient fon- « dées dans le Levant.

« ... La république de Gênes a perdu, « comme Venise et par la même cause « (l'invasion des Turcs), toutes ses posses- « sions dans le Levant...

« Dès que la Hollande se fut affranchie « de la domination espagnole, la liberté

« politique qu'elle venait de conquérir
« avec son indépendance, en fit un peuple
« colonisateur et marchand. Aucune his-
« toire ne prouve mieux que la liberté
« politique ne peut trouver la condition
« de sa durée *que dans la liberté d'expan-*
« *sion.* La perte de ses colonies *en fit sur-*
« *le-champ une province de l'Empire fran-*
« *çais !...* Ce ne fut qu'en lui rendant ses
« colonies que l'Angleterre lui rendit aussi
« sa politique. Tous ces exemples nous
« donnent l'incontestable droit d'établir
« comme axiôme, *que toute liberté politique*
« *empêchée de faire usage de la force d'expan-*
« *sion qui lui est inhérente, doit finir, en se*
« *détruisant elle-même, par conduire un État*
« *à des principes* DIAMÉTRALEMENT OPPOSÉS *à*
« *ceux que cette liberté avait pour objet d'éta-*
« *blir* (Ibid., p. 147, 1848 et 149). »

Rien n'est plus vrai par rapport à la
France. N'est-ce pas, en effet, depuis que,
par suite de l'invasion de nos colonies
par les Anglais, nous ne pouvons *plus faire*

usage de notre force d'expansion, que notre
commerce éprouve des détresses qui en-
gendrent, *les Anglais aidant*, des commo-
tions périodiques qui compromettent toujours de plus en plus la fortune publique?
Je dis « les Anglais aidant, » M. de Ficquelmont va expliquer le sens de ces paro-
les pour la France comme pour tous les
peuples du monde, dans les passages que
nous allons rapporter dans l'article suivant.

III.

« La politique que poursuit l'Angleterre,
est depuis longtemps marquée du sceau
de la contradiction la plus manifeste. Peut-
être n'avait-elle pas encore, dans les temps
antérieurs, la conscience du mal qu'elle
préparait à l'Europe..... (P. 149).

« Dans le temps où l'Angleterre se bor-
nait à gêner l'activité commerciale, soit
par la guerre, soit par des traités de paix

et de commerce, elle n'avait pas encore été conduite par les événements qui datent de la première Révolution de France, à exercer une action directe sur l'organisation sociale des États. Aujourd'hui, cette action, *élevée à la puissance d'un système politique*, LES APPELLE TOUS A LA LIBERTÉ, *tandis que toutes les voies d'expansion* SONT PLUS QUE JAMAIS FERMÉES A CETTE LIBERTÉ!...

« Comme la contradiction que je signale, *est la plus grave de toutes les causes qui agitent l'Europe,* je crois devoir l'énoncer dans les termes les plus précis.

« Pour être sincère, l'Angleterre doit, si elle veut continuer à s'opposer au développement des forces et des relations maritimes de l'Europe, *cesser de l'exciter sans cesse, par tous les moyens qui sont en son pouvoir, à prendre les formes de gouvernement les plus libres;* car alors *elle ne lui donne,* comme nous avons le malheur d'en être les témoins, QUE LES CONVULSIONS DE LA LIBERTÉ sans aucun de ses avantages!...

« Si elle veut, au contraire, par un calcul que je ne saurais expliquer, parce qu'il m'est impossible de le comprendre, né pas cesser d'appeler tous les peuples à la liberté, elle doit alors ouvrir toutes les voies au mouvement qui produit nécessairement la liberté. » (Ibid., p. 149-151.)

Voilà bien la politique de l'Angleterre résumée tout entière dans ce peu de mots!

Exciter partout, dans une pensée d'infâme machiavélisme, *les convulsions de la liberté, sins aucun de ses avantages !!.....* Bouleverser, ruiner, faire le chaos et s'offrir comme réparatrice des désastres affreux qu'elle a causés !!...

Nous ne blâmerons certes pas, en elle, le sentiment d'humanité (si tel est son caractère) qui la porte à recueillir les débris errants de toutes les démagogies européennes... Mais n'est-ce pas avec ces débris que Canning insultait la France en lui jetant à la face « qu'il tenait dans ses mains la paix et la guerre ? » — N'est-ce pas avec de tels débris que *Palmerston* lui-même couvre de telles pensées?... N'est-ce pas pour les plus sinistres desseins que l'Angleterre donne l'hospitalité à tous ces enfants perdus des révolutions avortées, à tous ces démolisseurs émérites de toute organisation sociale ?

Ah ! **M.** de Ficquelmont l'a dit, et son langage a stéréotypé l'infamie de la politique anglaise, outrageante pour l'humanité.

Peuples ignorants ou stupides, laissez-vous prendre maintenant aux amorces des Anglais ! Croyez à la liberté qu'ils vous apportent! Confiez-vous à leurs calculs ténébreux et infernaux ! Jetez-vous dans les bras de ce peuple, qui vous offre, des lèvres, LA LIBERTÉ pour vous étreindre, vous égorger et vous dépouiller ensuite !...

On vient de vous dire avec l'autorité de la position, de l'expérience et du savoir, — on vient de vous dire avec la révélation du génie, ce que sont les Anglais..... Y croirez-vous maintenant !!!

BILAN

DES

POSSESSIONS ANGLAISES

DANS LES CINQ PARTIES DU MONDE

comparées aux lambeaux qu'ils nous ont laissés
comme par pitié.

L'Angleterre possède :

En *Europe*, Héligoland, Gibraltar, Malte
et les îles Ioniennes ;

En *Asie*, l'Indoustan anglais, l'ancienne
partie de l'Indoustan qui appartenait à la
France, les tributaires et alliés Hindous,
Ceylan et les conquêtes de 1843 ;

En *Amérique*, le haut et bas Canada,

l'île du cap Breton, l'île de Terre-Neuve,
les Bermudes, les petites Antilles, Bahama
ou Lucayes, la Jamaïque, l'île du Prince-
Édouard, la Dominique (Antilles), l'éta-
blissement de la baie de Honduras, la
Guyane, Hipparo (Terre de Feu);

En *Afrique*, Sierra-Leone et dépendan-
ces, l'île de Fernando-Po, Sainte-Hélène,
le cap de Bonne-Espérance, l'île de France,
les Seychelles;

Dans l'*Océanie*, la Nouvelle-Galles méri-
dionale, la terre de Diémen et l'île de
Norfolk.

La France possède :

L'île Bourbon ou de la Réunion, dans
l'Océan indien, que les Anglais ont bien
voulu nous rendre en 1815 ;

La Guadeloupe, Marie-Galante, la Marti-
nique, la Guyane, Saint-Pierre et Mique-
lon, Terre-Neuve (dont ils n'ont pas voulu)
dans l'Amérique ;

Madagascar, l'Algérie (en Afrique), que
nous possédons malgré eux ;

Et nos possessions d'Asie, où nous comptons environ 200,000 habitants.

L'Angleterre compte dans ses colonies 125,598,200 habitants.

La France n'en trouve que 2,430,075, l'Algérie comprise !!!

L'Angleterre (Royaume-Uni) n'a que 27,000,000 d'hommes, et la France en contient cependant 36,000,000 !

La France, *moins* de *trois millions* de colons...

Et l'Angleterre, *plus* de *cent vingt-cinq millions*...

Quelle différence !...

Nous sommes *frappés de langueur* depuis que l'Angleterre, appelant à son secours l'Europe entière, pour nous écraser, nous a arraché une à une toutes nos possessions coloniales, et a abaissé par ce moyen notre personnel marin, et réduit à un chiffre misérable le nombre de nos navires marchands.

FORCES MARITIMES

DE

L'ANGLETERRE & DE LA FRANCE.

Voici le relevé, d'après le Navy-List, *publié par ordre de l'Amirauté, et fixant le dernier état de la marine de guerre anglaise au 1*er *janvier 1844.*

Bâtiments à voile et à vapeur de tout rang et de toute grandeur:

Total général..... 669

sans parler des navires en construction.

Voici maintenant la situation de la France, tel qu'elle était offerte par l'exercice 1843, vol. 2, page 219, où on lit ce qui suit:

« La marine française en 1843, *pouvait*
« *armer*, si *c'eût été nécessaire*, *environ* 46
« *vaisseaux* de ligne, 55 frégates et 235
« bâtiments d'une force inférieure, en tout,
« 355 bâtiments. »

Notre personnel *marine* est dans la même
proportion.

Aussi, voyez comme l'Angleterre nous
ricane dans son *Of the United-Service*,
revue consacrée aux intérêts de la marine
anglaise :

« La France, obstinée surtout *dans l'en-*
vie qu'elle porte à notre puissance navale,
a toujours présente cette maxime de Ri-
chelieu : *La France veut une marine !*

« On trouve dans les matricules de la
France (année 1839), en déduisant les
maîtres, les pilotes, les mousses et autres
classes privilégiées, 53,000 matelots inscrits.

« L'État peut compter sur 35,000 bons
matelots et 15,000 novices inscrits, *en cas*
de nécessité.

« Aussi, en cas de guerre, la France serait-elle obligée de réclamer des classes le complément du personnel nécessaire au service de l'État, *et de faire* COMME LES RUSSES, demander à l'intérieur de l'Empire de mauvais marins que le littoral ne peut lui fournir; ces malheureux conscrits sachant à peine se tenir ferme dans les gros temps, malades à la mer, *ce ne seront guère que des hommes d'embarras dans les moments décisifs,* » et autres aménités de ce genre du journal anglais. L'*United-Service,* ajoute : « La domination de la mer est celle du monde. »

« Notre patrie est une flotte dont le vaisseau amiral est à Londres, et les autres bâtiments partout.

« La Grande-Bretagne étend çà et là, à l'infini, ses navires, comme les antennes qui vont saisir leur proie, forte ou faible, lointaine ou proche, en tout temps, en tout lieu.

« Sur chaque grande mer, nous sommes parvenus à établir des espèces de corps-de-garde maritimes au moyen desquels *les navigations étrangères sont placées sous la police britannique.*

« Avec Jersey et Guernesey, nous pouvons braver, jusque dans le cœur de la France, ses bâtiments bretons et normands; à l'aide de Gibraltar, nous gardons les clés de la Méditerranée ; Malte est pour nous un *blockaus nautique*, d'où l'on peut s'élancer tout-à-coup et sur l'Asie et sur l'Afrique; dans l'île Maurice (ancienne île de France), nous avons une sentinelle avancée qui surveille sans cesse la route des Indes, et par la position de Ceylan, nous dominons tout à la fois le golfe du Bengale et les possessions hollandaises ; notre marine enfin, *comme une ceinture flottante, environne le monde entier.*

« Que la France se pénètre bien de ceci : qu'avec ses gros mots de philanthropie et de liberté individuelle, elle ne saurait nous empêcher d'incendier ses flottes, ses ports, ses arsenaux, et de saisir ses navires marchands !!!.... »

Les cheveux ne se dressent-ils pas sur la tête, d'entendre ces outrecuidances anglaises, qui continuent sur le même ton.

Seulement, ce qui console dans cette disproportion de forces, et aide à rétablir l'équilibre, c'est que, si l'Angleterre a un plus grand nombre de vaisseaux, elle en a un plus grand besoin que la France.

Ses 45 colonies l'obligent à un éparpillement de forces qui ne permet guère à l'Angleterre proprement dite, dans un moment donné, d'avoir sous la main plus d'engins de guerre que nous ne pourrions lui en opposer.

L'effectif de la marine marchande anglaise était, au 1ᵉʳ janvier 1844, de 23,152 bâtiments, jaugeant 2,957,000 tonneaux, *non compris les bâtiments à vapeur.*

Cette masse de navires marchands est, sans contredit, la plus considérable qu'une puissance ait jamais possédée sur le globe.

Examinons maintenant l'effectif de la marine marchande de France. Une fois les chiffres posés, les déductions se tireront d'elles-mêmes.

Résumé général de l'effectif au 31 décembre 1842. Navires à voile, navires à vapeur : Total, 13,409, jaugeant 589,517 tonneaux.

Sans parler de 5,928 bateaux se livrant à la petite pêche, et jaugeant 41,401 tonneaux.

Tout s'enchaîne : si la navigation est immense, le personnel marin le sera aussi.

Dans la marine royale anglaise, le personnel actif était, au 1er janvier 1844, en amiraux, capitaines, commandants, etc., de 2,930.

Le nombre de marins votés par le parlement a été de 32,034, plus 2,000 mousses et 10,500 *marines;* en tout, 44,934.

La marine marchande occupe 210,108 marins.

La grande pêche et la pêche du hareng

et du saumon sur les côtes, occupe aussi un très-grand nombre d'hommes.

Le cadre du corps d'officiers de la marine française est réglé, d'après l'ordonnance du 14 septembre 1840, à 1,742, qui représentent l'effectif du cadre d'activité.

Quant à notre inscription maritime, elle était, en 1703, de plus de 100,000 hommes ; — en 1814, elle était encore de plus de 80,000 hommes. Elle s'est maintenue au chiffre de 80, 83, 86,000 jusqu'en 1838, où, sous l'influence du gouvernement de Louis-Philippe, elle est descendue à 52,000 hommes, dont 37,000 à peine sont en état de servir, c'est-à-dire, moins de la moitié de l'armée navale dont nous pouvions disposer il y a quarante-six ans.

La France, qui possède 500 lieues de côtes, et que la nature appelle à la fois à être une puissance de terre et de mer, finirait, sans colonies, par n'avoir plus que des matelots de cabotage, marins peu habiles à la navigation militaire de l'État.

Et chacun sait que les voyages aux colonies, le long-cours, les grandes pêches forment les bons marins pour le service de la marine militaire.